EDUCACIÓN | **Niños** de 3 a 7 | **EMOCIONAL**

¡Con ése no quiero jugar!

Cómo tratar el rechazo y la discriminación

Heike Baum

ONIRO

Título original: *Mit dem spiel ich nicht!*
Publicado en alemán por Kösel-Verlag GmbH & Co., München

Traducción de J. A. Bravo

Diseño de cubierta: Valerio Viano

Ilustraciones del interior: Heike Herold

Distribución exclusiva:
Ediciones Paidós Ibérica, S.A.
Mariano Cubí 92 - 08021 Barcelona - España
Editorial Paidós, S.A.I.C.F.
Defensa 599 - 1065 Buenos Aires - Argentina
Editorial Paidós Mexicana, S.A.
Rubén Darío 118, col. Moderna - 03510 México D.F. - México

© 2002 by Kösel-Verlag GmbH & Co., München

© 2003 exclusivo de todas las ediciones en lengua española:
Ediciones Oniro, S.A.
Muntaner 261, 3.º 2.ª - 08021 Barcelona - España
(oniro@edicionesoniro.com - www.edicionesoniro.com)

ISBN: 84-9754-058-1
Depósito legal: B- 3.389-2003

Impreso en Hurope, S.L.
Lima, 3 bis - 08030 Barcelona

Impreso en España - *Printed in Spain*

Índice

Prólogo   4

Del trato con los extraños   6
*Antecedentes evolutivo-psicológicos
y sociológicos*

La percepción de lo que nos es ajeno   19
Juegos y actividades de sensibilización

Encuentro con el desconocido   29
Descubrir jugando el placer-temor-curiosidad

Integrar lo que nos es ajeno   37
*Juegos y actividades para familiarizarse
con lo nuevo*

Acerca de la autora   45

Prólogo

No me da la gana

sentarme en la escuela al lado de Mohamed.
Mohamed apesta y es un moranco.
Ni que me pongan a compartir los trabajos
con Jaime, que es lento y bobo.
Ni ser vecino de los Heredia,
esos que tienen tantos churumbeles.
Ni vivir en la misma calle que Martina,
porque su padre es un chorizo
y nadie está seguro en el barrio.
Sin prejuicios por mi parte, quede bien claro.
Opino que los inmigrantes, los retrasados
y los reinsertados, tienen derecho a vivir aquí.
Pero que se vayan un poco más lejos, «porfa».

HEIKE BAUM

Queridas lectoras y lectores:

Estas líneas, además de reproducir lo que oigo a tantas personas, también expresan mi propia inseguridad en presencia de extraños. Hace poco me ocurrió que un taxista, un conciudadano oriundo de Turquía, me llevó tan mal y dando tantos tumbos, que no pude sino pedirle que condujese con más atención. A lo que él fingió no entender lo que yo le decía. Esa experiencia la tenemos a menudo con los hombres orientales: que no dan la menor importancia a lo que diga una mujer, y si llegas al atrevimiento de hablarles para reprenderlos, te ignoran, sencillamente. En una situación así, ¿cómo puede una protestar sin que parezca racismo?

   ¿Os parecen incorrectas estas líneas? Conflictos similares los he vivido también con muchos compatriotas, como es natural. Pero ellos entienden mejor mis reacciones, y yo las de ellos. En nuestra cultura, al fin y al cabo, tenemos una manera determinada de enfrentarnos a las situaciones.

Casos así nos ayudan a entender que el tema de cómo tratar lo extranjero y extraño, y cómo integrarlo, no se arregla con un par de «lecciones» aprendidas en casa o en la escuela elemental. Ese aprendizaje dura toda la vida, y nos plantea problemas incesantes y continuamente renovados.

Es bueno estar atentos y observar lo que ocurre en nuestro entorno más inmediato. Es bueno reflexionar sobre el barrio adonde vamos a fijar residencia con nuestros hijos. Pero también conviene mantener una actitud abierta. He de plantearme por qué albergo temores, cuál es el origen de mis enfados y qué parte de todo eso le incumbe realmente a mi oponente.

Tras los incidentes ocurridos en los últimos años con las personas que conviven con nosotros pero no hablan nuestro mismo idioma (el largo circunloquio indica lo complicada que es la cuestión en sí) se corre el peligro de que dicha cuestión acabe convirtiéndose en un tabú. Lo cual sería un impedimento para la integración auténtica. Para que nuestra sociedad pueda asimilar a los extranjeros, es necesario discutir las dificultades con franqueza. La verdad es que, para empezar, nos irritan las personas que nos vienen con otras vivencias culturales, otras costumbres, y aspectos o comportamientos diferentes. En el capítulo primero comentaremos por qué es así y por qué es importante hablar de ello. Integración no significa que las personas de otro origen, o las personas discapacitadas psíquica, mental o corporalmente, o las que exhiben algún comportamiento desacostumbrado estén obligadas a adaptarse, sino que es preciso desarrollar una nueva cultura común en la que todos encuentren su lugar.

Es importante practicar con los niños la facultad de relacionarse abiertamente con lo extraño, sin perder la noción de lo que es una situación delicada. Lo cual no sería posible sin cuestionarse uno mismo o tolerar que otros nos cuestionen. Deseo que os sea gozoso el descubrimiento del «otro», pero también necesitaréis valor. Lo mejor sería, quizá, que todos nos contagiásemos de la curiosidad y la espontaneidad de los niños.

Heike Baum

Del trato con los extraños

*Antecedentes evolutivo-psicológicos
y sociológicos*

Lo que llamamos las «competencias interculturales» y el «aprendizaje integrador» no es cuestión sólo de desarrollar tolerancia frente a las culturas ajenas. También se trata de suscitar la curiosidad, descubrir lo que ignoramos de nosotros mismos, aceptar otras formas de vida y admitir que todos percibimos la realidad individualmente. Preguntad a cinco personas, y os contarán la misma situación de cinco maneras diferentes y describiendo hechos diferentes. Porque cada individuo se fija en cosas distintas y las valora en función de las experiencias anteriores que retiene en su mente.

A fin de desarrollar tolerancia, por tanto, hay que cultivar la capacidad para soportar las propias tensiones internas. Por ejemplo, cuando algo nos atrae y nos repele al mismo tiempo, o nos inspira curiosidad pero también nos da un poco de miedo.

A gusto con lo conocido

Nos agrada tenerlo todo claro, bien ordenado y bien entendido. Nos hallamos a gusto con las cosas que conocemos, y evitamos enfrentarnos a los imponderables de nuestro propio carácter así como a los del mundo que nos rodea.

Las personas adultas sabemos, a nivel intelectual, que la vida no es un viaje de placer, ni el mundo un paraíso. Pero procuramos no tener que enfrentarnos a esa realidad. Confiamos, con infantil irrealismo, en que los reveses de la suerte y las consiguientes dificultades pasarán de largo sin rozarnos nunca.

Dicho esto, ¿qué tiene que ver con el tema del aprendizaje intercultural y la discriminación (o la integración)?

A mi criterio, para aprender a tolerar lo diferente, lo imprevisto, hay que recuperar esa idea de que la vida no marcha siempre en línea recta y previsible. Estar dispuestos a replantearnos todo lo que nos rodea, y por tanto, las relaciones con los demás. Creo que es la rigidez interior, la rutina mental, lo que nos impide aceptar que los demás tienen una manera de ser propia.

Por consiguiente, hay que escuchar a Mohamed y decirnos: «¡De manera que es así como ve él la cosa!». Y tal vez preguntarle acto seguido por qué lo ve así, por qué lo considera tan importante, etc. Se establece entonces un verdadero diálogo, y tal vez descubriremos algunos puntos comunes. El desafío es grande, porque nos resulta mucho más fácil mantenernos dentro de nuestros caminos trillados, persuadidos de que nuestra cultura y nuestras costumbres son las normales, buenas y verdaderas. Y él no es más que un musulmán, al fin y al cabo. Es decir, quedarnos únicamente con lo que nos separa.

Plantearnos nuestras resistencias íntimas

Para el trabajo con niños, la consecuencia es que yo, en tanto que persona adulta, debo examinar ante todo —y hacerme examinar entre colegas, o en diálogo con la pareja, o por otros padres y otras personas adultas— hasta qué punto estoy dispuesta a admitir y tomarme en serio *la diferencia* en los demás. Cuando tropiezo con mis propios límites, cuando la aceptación se me resiste o se me hace imposible, ahí reside el bloqueo intrapsíquico y no en el oponente que desencadena esa resistencia.

Es lo que ocurre, por ejemplo, cuando vemos un niño discapacitado múltiple. A lo mejor el aspecto de ese niño no encaja en lo que estamos acostumbradas a considerar agradable, y nos da un poco de repugnancia. Reprimir esa repugnancia no es la idea más aconsejable, como tampoco lo sería dejar de frecuentar el establecimiento que admite a tales discapacitados y les sirve un plato. Para la observadora, esta situación tal vez significa que no va a poder comer tranquila; para la criatura discapacitada tal vez es un paso importante hacia una posible autonomía futura.

Ambas partes tienen unos derechos, en función de sus respectivas disposiciones emocionales y maneras de vivenciar la situación. Esa situación hay que negociarla. ¿Quizá se encontraría otra mesa para la observadora afectada por el desagrado? ¿O pedirle al camarero que espere un cuarto de hora antes de servirnos el primer plato?

En todas las situaciones similares de irritación o incomprensión (en este caso «¿cómo se les ocurre entrar con un crío así en un restaurante público?»), lo primero que procede es admitir nuestra propia reacción. Para abordar luego un diálogo, un intercambio que permita conocer las disposiciones de cada cual, con lo que, a largo plazo, acabaría por constituirse una sociedad más tolerante y más integradora.

No es cuestión de reprimir nuestras propias sensaciones para impedir que nos desborden, ni de quitarles importancia, ni de evitar ponernos en evidencia delante de otras personas. Importa más que nosotras mismas comprendamos con claridad cómo nos definimos ante la situación, entendiendo al mismo tiempo que nuestra postura es una, y que el oponente está en su derecho de tener otra postura distinta.

Yo siento de otra manera que tú

Desde sus fuertes sentimientos de dependencia en relación con los adultos, a los niños no les resulta fácil el hacerse una idea propia del mundo, o llevar la contraria a sus personajes de referencia. Y sin embargo, no son pocas las ocasiones de conflicto con el entorno, ni siquiera para un niño. Las consideraremos como oportunidades para demostrarle que él puede ser diferente y pensar de manera diferente, lo que no quita que se le acepte... si bien es cierto que no siempre podrá imponer su voluntad. El conflicto seguirá dándonos quehacer, pero al menos habrá servido de ocasión para que niños y mayores vayan conociéndose mutuamente y sigan edificando su relación.

Es obvio, después de lo anterior, que el aprendizaje intercultural e integrador se halla fuertemente vinculado al aprendizaje social. Los niños que escuchan frases como «vete a tu habitación que no te aguanto», o «me has dado un gran disgusto, quítate de mi vista», aprenden con ello que el comportarse de manera no conforme acarrea el verse excluido de la comunidad. Así las cosas, ¿por qué habrían de tolerar ellos un comportamiento no conforme, o atípico, por parte de otros niños? Otro caso, presenciado recientemente: el padre que mete la cuchara cargada de fideos en la boca de su hijo de dos años... sin hacer caso del crío que grita y protesta porque «queman». ¿Qué aprende con esto el niño? Que, estén o no demasiado calientes los fideos, la percepción que rige y se impone es la del más fuerte. El padre bien sabe cuál es la enseñanza que se le transmite al hijo: que cuando él se haga un adulto a su vez, podrá tener un criterio propio y ser la medida de todas las cosas. Así que, ni los fideos están demasiado calientes, ni hay por qué ponerse tan tonto, ¡y se acabó!

La individualidad es lo normal, que no la uniformidad

En el trato con los niños, sea en la familia o en una relación pedagógica cualquiera, se plantea una misión importante. A través de muchos pequeños detalles, los niños aprenden si cada persona puede decidir por sí misma o no. He aquí un ejemplo sencillo:

En el jardín de infancia se han enfadado otra vez a la hora de la comida. Se sirvió olla con carne de cerdo y, lo mismo que otras veces, el personal de cocina olvidó traer un plato aparte para Aixa. Ahora la niña tiene que elegir entre unos fideos recalentados y el caldo del cocido, que no debería comer, en realidad. Los demás niños tratan de persuadirla para que acepte el cocido. Un día es un día, insinúan, y que nadie se va a enterar. Sebastián, que tiene seis años, ha comentado que su padre siempre dice que los extranjeros deben adaptarse a nuestras costumbres si quieren vivir entre nosotros. Claudia, una de las educadoras, ha prometido recordárselo la próxima vez que toque papilla de sémola, que no le gusta. Sebastián se defiende diciendo que el tema no es si le gusta o no la papilla, sino que haya que cocinar un plato extra para la marroquí. Claudia insiste. Él también pide plato aparte cuando toca sémola. Ernesto, el educador, trata de quitar tensiones. Dice que el tema le parece muy interesante, y que lo continuarán por la tarde. Mientras tanto, hay que comer. Además Aixa está a punto de llorar porque, una vez más, el motivo de la discusión ha sido que ella es diferente.

—¡Y yo también me pido plato aparte cuando toca alguno que lleve pasas! —concluye el educador.

—¡Yo cuando hay carne! —aprovecha María para llevar el agua a su molino. En su casa son todos vegetarianos.

—¡Y tú, Froilán, la ensalada de pepino!

Aixa sonríe por fin y también dice la suya:

—¡Y Sonia con la coliflor!

Todos ríen, y mientras Claudia y Aixa van a la cocina dispuestas a freír un huevo para acompañar el plato de fideos, todos los niños discuten acaloradamente sobre las comidas que aborrecen y que prefieren. En realidad, a nadie le extraña que cada uno reclame un plato extra cuando no le gusta lo que hay.

Cuando conseguimos realizar, en la vida cotidiana, una cultura integradora en que las peculiaridades individuales parezcan normales, o incluso variación enriquecedora, muchos de esos problemas y discusiones se convierten para los niños en experiencias provechosas. El ejemplo de los adultos les ofrece algo que aprender: cómo preservar la curiosidad natural, manifestar con franqueza sus opiniones y poner en tela de juicio tanto los aspectos desacostumbrados como los acostumbrados.

Las opiniones de los mayores deben ser ofrecimientos, nunca normas

Es preciso que los niños vivan sus propias experiencias y descubrimientos. Por tanto no hay que decirles «esto es tal y tal», sino que les ofreceremos nuestra propia vivencia como una de las posibles, invitándolos a ensayar por sí mismos. Como cuando alguien dice, por ejemplo: «No, yo no creo en Dios, pero si escuchas lo que te cuenta la educadora podrás aprender muchas cosas sobre la fe en Dios y luego tú verás lo que te parece. Entonces, si todavía quieres preguntarme, te explicaré lo que opino sobre eso».

Al contestar demostrando interés auténtico cuando el niño formula una pregunta de este tipo, y al hacerle comprender que ha planteado una decisión difícil, se le está reconociendo la libertad de su fuero interno pero al mismo tiempo se le asigna una responsabilidad. El menor aprende que la fe es una cuestión muy individual. Precisamente cuando se abordan temas en que nosotras las personas adultas nos remitimos a nuestra visión del mundo y nuestra interpretación de la fe, es importante no transmitir conceptos definitivos a los pequeños, sino invitarlos al debate íntimo. En particular esto se refiere a las cuestiones tocantes a la moral, a la muerte, a la creencia en un Dios personificado: por qué hay personas discapacitadas, por qué hay presos, por qué Djamila no ha querido regresar a su campamento del Sahara.

Lo que nos parece útil y correcto a nosotros, para los niños quizá resulta sobrecogedor e inconcebible. A través de esos temas delicados, precisamente, puede aprender el niño que cada persona se confecciona su propia imagen del mundo, que en último término le sirve para vivir en sociedad. El trance es difícil porque los niños necesitan mucha estabilidad para sentirse protegidos y seguros en este mundo. Pero sería un error creer que podemos ahorrarles la confrontación con sus propios temores suministrándoles unos conceptos prefabricados.

Entre el sano escepticismo y la tolerancia enriquecedora

Entre humanos, a menudo reaccionamos ante lo desconocido con escepticismo, temor o reserva. Y eso está bien, porque conviene tener cuidado en el trato con los demás, sobre todo cuando nos sean extraños, a fin de no meternos en dificultades. Pero también, y sobre todo, desconfiar de los propios pensamientos. Merecen especial precaución. Hay que mirar en qué consiste eso que nos atemoriza, de dónde proviene la voz interior que nos invita a la prudencia: ¿Está realmente justificada? ¿Cómo podría yo conseguir más informaciones que me tranquilicen, que me alivien un poco el miedo? A veces basta comprender una cosa para dejar de temerla.

En el caso de los niños, la tolerancia frente al forastero y la curiosidad por lo desconocido no es un tema que se pueda despachar en cuatro semanas culminando en una fiesta de confraternización internacional. (Por lo general, en esas fiestas se acaba sirviendo platos bubíes o magrebíes pero hablando en *nuestro* idioma y practicando *nuestros* juegos tradicionales.) No. El tema está siempre presente, todos los días, y en infinidad de encuentros y detalles grandes y pequeños. Si los invitamos a descubrir valientemente cosas nuevas, a enterarse bien de ellas en vez de abrir enseguida un clasificador, conservarán el hábito cuando sean adultos.

En esto del respeto a las culturas, costumbres y creencias forasteras, a las conductas desacostumbradas y a la diferencia en general (lo cual no significa que sea forzoso mostrarse de acuerdo con todo), cuantas más experiencias vayan sumando en preescolar y en el seno de la familia, mejor aprenderán a admirar la infinita variedad del mundo en que vivimos y a enriquecerse con ella, en vez de contemplarla como un peligro según se observa a menudo entre los adultos.

Es un desafío, especialmente para los niños de hasta siete u ocho años. En esa primera infancia la familia representa, sobre todo, un sistema de referencia que aporta estabilidad y sentido moral. Si frecuentan mucho la casa los abuelos, los tíos y demás parientes y allegados, con frecuencia sucede que el niño no se enfrenta a otras interpretaciones diferentes del mundo, por lo menos, hasta los tres años de edad, hasta que empieza la asistencia a guardería o preescolar. Se inaugura entonces una época de inseguridad: ¿a quién hay que creer? ¿a los papás, o a la señorita del jardín de infancia? En ese momento el menor todavía no es capaz de elaborar un punto de vista propio como podría ser, por ejemplo, un arbitraje en su fuero interno entre las distintas opiniones que oye. Necesita decidir y eso le supone a menudo un conflicto entre lealtades. ¿Se enfadará mamá si digo que existe un Dios como afirma la señorita, o viceversa? Sobre todo, en las familias que profesan moral y creencias poco flexibles, o que remiten continuamente al castigo divino, va a ser difícil que los niños quieran ensayar con franqueza nuevos modos de ver las cosas.

Entre los ocho y los diez años entran en el período llamado la edad ética, porque es cuando ellos empiezan a desarrollar sus propias normas y las aplican, sobre todo al principio, con mucho rigor. Sobreviene a continuación la adolescencia, la pubertad, esa época más o menos temible para todas nosotras en que ellos se rebelan contra el sistema de valores de los mayores para reemplazarlo por el suyo propio. Muchos de los adultos que propugnan una postura crítica ante la educación integradora y participativa encuentran en ese período un argumento para su postura. Afirman que los niños necesitan una normativa para po-

IX. How Might DNA Replication Function in the Activation of the
    Erythropoietic Program? 39
    References 40

The Cell Cycle, Cell Lineage, and Neuronal Specificity
by R. K. HUNT

   I. Introduction 43
  II. Programmed Features of Neuronal Diversity 44
 III. Levels of Specificity and Boundary Criteria 46
  IV. Qualitative Differences among Early Precursor Cells 49
   V. Late Neural Precursor Cells 51
  VI. Invariance of Lineages and the Role of the Cell Cycle 53
 VII. Coordinate Control of Developmental Programming 56
VIII. Summary 58
      References 60

Neurogenesis and the Cell Cycle
by C. H. PHELPS and S. E. PFEIFFER

   I. Normal Development 63
  II. Tumor Cell Lines *in vitro* 69
 III. Conclusions 76
      References 78

The Cell Cycle and Cell Differentiation in the Drosophila Ovary
by R. C. KING

   I. Introduction 85
  II. The Production of Branching Chains of Cystocytes 87
 III. The Hormonal Control of Oogonial Transformation 89
  IV. The Origin and Differentiation of Ring Canal Rims 94
   V. Factors Controlling the Cessation of Mitosis and the Differentiation
      of Cystocytes 96
  VI. The Influence of the *Fes* Mutation upon the Division and Differen-
      tiation of Cystocytes 98
 VII. Hereditary Ovarian Tumors of Fused Females 102
VIII. The Fate of the Pro-Oocytes 103
  IX. The Control of Chromosomal Replication and Transcription during
      Gametogenesis 104
   X. Discussion and Conclusions 105
      References 107

der enfrentarse con energía al mundo de los adultos cuando llegue la pubertad y empiecen a buscar sus propias referencias. Que los niños necesitan la seguridad que proporciona una visión del mundo bien encuadrada. Simplificando: decirle al niño que Dios le protege, para que no tenga miedo. A mí me parece, en cambio, que los niños no se libran de temores ni con cien dioses que tuviéramos. A ellos, como a nosotros, les asalta el temor cuando intuyen que se hallan o podrían hallarse en peligro; ese temor es una sensación indispensable que nos enseña a defendernos. No necesitan que nadie los ponga a cubierto de temores, lo que necesitan es aprender a abordarlos constructivamente. Cuando el miedo a lo forastero y desconocido es un sentimiento aceptado, aprendemos a descubrirlo sin dejar de cuidar de nosotros mismos. El complejo temor-placer ayuda a conseguirlo.

El temor-placer, una de nuestras sensaciones más arraigadas

Temor y placer son las sensaciones más primarias de los humanos. Están presentes en la vida del recién nacido. Cualquier incomodidad le da miedo. Cuando tiene hambre se siente abandonado. Mamar, alimentarse, estar protegido en brazos de la madre, son sus primeros placeres. Estos sentimientos primitivos son determinantes para la evolución humana, incluso en el sentido histórico: la curiosidad incitó a experimentar con el fuego, y la curiosidad no es más que el placer íntimo de descubrir algo que, al mismo tiempo, nos produce un cosquilleo de temor. A medida que vamos creciendo aumenta nuestra aversión al miedo, incluso a confesarlo. Está considerado como una debilidad indigna de mujeres y hombres hechos y derechos. Lo cual es injusto, sin embargo: si la humanidad desconociera el miedo, se habría extinguido hace tiempo, ya que nuestros antepasados no habrían tenido nunca la ocurrencia de huir... o pelear. El miedo no es reacción de debilidad sino señal de alarma indispensable para la supervivencia.

Más sueldo

Sin embargo, hay situaciones en que nos impacientamos con nosotras mismas por tenerlo. Acaban de concederte un premio, y estás temblando porque te verás obligada a subir al estrado para recogerlo. Sabes lo que vale tu trabajo y sin embargo no te atreves a exigir un aumento de sueldo. Pero, al mismo tiempo, nos gustan las emociones fuertes. Saltar desde un puente confiando en que la cuerda elástica resistirá, o aunque sólo sea acariciar el perro del vecino. Situaciones en las que experimentamos simultáneamente la excitación, el temor y una satisfacción especial. Esa tensión que se disfruta es difícil de comprender racionalmente. ¿Por qué tengo miedo, si me gusta lo que estoy haciendo?

Como decíamos, la sensación de temor-placer simultáneos es una de las más primitivas, aunque a veces uno de los dos factores predomina a tal punto, que nos hace olvidar el otro.

Lo nuevo también suele infundir temor, y con esto termina nuestra breve excursión psicológica y regresamos a nuestro tema. Es como si quisiéramos cruzar unas montañas pero sin saber lo que nos espera al otro lado. ¿Hará frío o calor? ¿Necesitaremos botas de agua o, por el contrario, unas sandalias? Asumir de verdad lo nuevo equivale a moverse en terreno inseguro.

La inseguridad, en cierta medida, puede resultar excitante. Por eso hay quien se echa la mochila a la espalda y sale a recorrer países desconocidos. El placer, la curiosidad, son más fuertes que el miedo. Pero cuando lo nuevo nos «amenaza» en el reducto de nuestra vida cotidiana, donde estamos cómodamente instalados, muchas veces el miedo puede más que la curiosidad.

Cuando lo nuevo altera el viejo orden

Los humanos somos un tanto cómodos, para lo tocante a procesos de cambio. No es ningún defecto. Se trata, únicamente, de que nos gusta que las cosas discurran dentro de un cierto orden. En nuestra sociedad actual, sin embargo, tropezamos con muchos cambios. Éstos acarrean inseguridad porque se tambalea el orden anterior, empezando por la decadencia de los valores, o de la moral, que tantos deploran últimamente. Olvidan que esa revolución nos ofrece la oportunidad de construir otros valores nuevos. En vez de seguir profiriendo lamentaciones, dediquémonos a crear nuevas normas para nosotros y para nuestro entorno. La época seguirá siendo de cambio, por supuesto, pero nos llevará a una nueva estabilidad en lo que se refiere a nuestros valores. Es importante recordar que nuestros antepasados también superaron ese problema. Sin duda se oyeron muchas críticas en la época en que se inauguró para las mujeres la posibilidad de solicitar el divorcio, o la de abrir una cuenta a su nombre sin el permiso del marido, o la de salir del entorno familiar para ganar un salario.

Los cambios también configuran nuestro entorno social. Por una parte las instituciones han de atender a su solvencia económica con más cuidado que nunca, por otra los conceptos cambian y las personas que hasta hace poco vivían en reclusiones de diversos tipos se integran a la existencia urbana. Lo cual significa que cada vez más a menudo vemos gentes a las que se les nota que están enfermas en algún sentido y que necesitan ayuda.

También algunos grupos sociales invisibles desde la «normalidad» han cobrado conciencia de sí mismos, como los gays y las lesbianas. Comparecen y reclaman otra clase de trato. Y por último, pero no menos importante, las personas que nos llegan de todas partes del mundo porque se sienten amenazadas por motivos políticos, sociales o religiosos en sus países de origen.

Estos y otros muchos aspectos van modificando a ojos vistas el entorno que nos rodea. Nos hallamos enfrentados a muchas novedades y eso plantea muchas cuestiones que no admiten una respuesta genérica. ¿Es justo que nazcan niños afectados por el síndrome de Down? Que los enfermos psíquicos circulen por la calle, ¿puede ser peligroso para mí o para mis hijos? Los «forasteros» que vienen a nuestro país, ¿nos roban los puestos de trabajo y el pan de nuestra familia? ¿Qué pasará con nuestros derechos cuando la segunda fuerza política del Ayuntamiento de nuestra ciudad sea un partido islamista? Es necesario que podamos seguir planteándonos este tipo de preguntas, pero no con las soluciones preparadas de antemano sino con el propósito de inaugurar un diálogo común que permita intercambiar informaciones y desarrollar caminos nuevos que se recorran conjuntamente. En lo tocante al trato con los niños, esto significa tomarse en serio sus representaciones y sentimientos, y alcanzar un discurso común (tanto de los niños con los mayores, como cada uno de estos grupos entre sí), como sugería nuestro ejemplo de la página 10.

Fomentar la aceptación por parte de los niños

Siempre que unos niños discriminan a otros, o no quieren admitir la manera de vivir y los puntos de vista de éstos, el primer paso consiste en buscar un denominador común. Aixa no cree en Jesucristo, y Yosua cree en Yavé. Que no diga Martín, por tanto, que Aixa es la única que tiene creencias diferentes. Y aunque Martín e Idoia sean de la misma religión, cada uno tiene una interpretación distinta de esa fe común. Una vez han quedado claras las diferencias así como las semejanzas entre los niños, éstos quedan en disposición de escuchar los antecedentes, lo que hará posible que desarrollen comprensión hacia los demás.

En el entorno familiar también es posible. Si al hermano mayor le fastidian los continuos disfraces de su hermana y la zahiere constantemente, seguro que algunas aficiones suyas tampoco le agradan a la madre. Y tal vez a ella la aburren los partidos televisados de su marido. Pero lo quiere, al fin y al cabo, y más aún, convive con él y tienen hijos. Eso puede servirle al hermano para comprender que no es tan difícil tolerar lo que hacen los demás, y que las personas pueden quererse y aceptarse por más diferencias que haya entre ellas.

Pese a toda la tolerancia, con frecuencia los grupos pasan por situaciones explosivas sin necesidad de que aparezca en ellos ningún individuo «diferente». A veces una minucia basta para que uno de los niños quede excluido. En esto intervienen numerosos aspectos, bien se trate de una lucha por el poder y la jefatura del grupo, o que éste ande buscando un chivo emisario sobre el cual recaigan todos los castigos.

Procesos reiterados de dinámica grupal desembocan a veces en la exclusión de algún individuo. Si se trata de un grupo infantil ello implica, como ya hemos mencionado, la necesidad de una observación atenta por parte de las personas adultas. Hay que estar al tanto de lo que sucede en el seno del grupo para poder adivinar las causas.

Esas situaciones únicamente se resuelven mediante una actividad común en la que los niños vean los puntos fuertes de sus compañeros, y recurriendo a conversaciones en las que la persona adulta detecte por empatía y emulación los estados de ánimo de los pequeños.

No quisiera terminar este capítulo sin llamar la atención sobre las valoraciones implícitas en el lenguaje y que muchas veces reflejan actitudes xenófobas, o los giros típicos de pasadas situaciones históricas y tan corrientes que ya no reparamos en ellos. En el trato con los niños, sobre todo, conviene prestar atención a no perpetuar de generación en generación, por inadvertencia, esos «juegos de palabras». Me refiero a expresiones como *trabajo de chinos* por «labor agobiante e interminable», *judío* por «avaro, usurero», *sacar lo que el negro del sermón* por «no entender nada» o *a moro muerto gran lanzada*, que se refiere a los que alardean mucho cuando el peligro ya ha pasado.

Los juegos, las actividades y las sugerencias que se ofrecen a continuación se han pensado para la casa, la guardería, los primeros cursos de la enseñanza básica, o cualesquiera otros grupos infantiles. Pueden participar uno, dos o varios niños; es excepcional que señalemos un número determinado de jugadores. Para la asimilación de temas acompañados de fuerte emotividad, los niños necesitan compañeros de su misma edad con quienes intercambiar, por más que la presencia de una persona adulta es útil para inducir la expresión de las ideas y sentimientos, siempre y cuando ella se abstenga de introducir sus valoraciones particulares. En este sentido se aconseja a los padres que procuren crear condiciones materiales adecuadas.

NOTA:

Para simplificar hablaremos siempre de «niños» en plural incluso cuando la actividad o el juego pueda desarrollarlo uno solo.

La percepción de lo que nos es ajeno

Juegos y actividades de sensibilización

Los juegos y actividades que encontraremos en este capítulo van dirigidos a fomentar la sensibilidad perceptiva en la relación consigo mismos y con los demás. Los juegos son ofertas y la elección depende de los pequeños; esto es importante, como también lo es la necesidad de que vivan sus propias experiencias y aprendan a aceptarse mutuamente. Porque cada individuo vive la situación de una manera distinta, lo que da lugar a un intercambio, al descubrimiento fascinante de cómo se enriquecen transmitiéndose mutuamente sus experiencias personales.

En este caso, a la persona adulta le toca mantenerse en un discreto segundo plano siempre que sea posible. Puede ocurrir que las soluciones buscadas por los pequeños no conduzcan al resultado deseado, a nuestro parecer, pero es fundamental dejar que sean ellos quienes lleguen a esa conclusión por sí mismos.

La persona adulta sólo intervendrá cuando se solicite directamente su ayuda, y manteniéndose en los límites de lo que se le demande.

Tenderse y levantarse

Antes de empezar a observar el mundo y las personas que les rodean, los niños empezarán consigo mismos. ¿Qué ocurre exactamente cuando nos tendemos, nos incorporamos poco a poco y nos ponemos otra vez en pie?

El adulto dará las instrucciones que los niños seguirán paso a paso. «Ahora nos tendemos cómodamente en el suelo. Intentamos sentir las partes del cuerpo que tocan el suelo. (Pausa.) Empezamos por la cabeza y nos concentramos exactamente en el punto que toca el suelo. ¿Es agradable el contacto, o no? (Pausa.)»

El adulto va acompañando a los niños en todas las etapas de su recorrido por el cuerpo entero, terminando en los talones.

«Ahora respiramos hondo, imaginando que el aire va llenando los pies. Luego lo expulsamos a partir del dedo gordo, a través de los pulmones. Para terminar pensaremos lo que vamos a hacer hoy para que sea un gran día. Y ahora "despertamos" poco a poco. Nos incorporamos despacio, fijándonos en cuáles son las partes del cuerpo que abandonan el contacto con el suelo. En cambio, al mismo tiempo parece que otras pesan más. Cuando nos hayamos puesto en pie respiraremos hondo y saludaremos el nuevo día con un grito muy fuerte.»

EDAD:	2 años o más
PARTICIPANTES:	uno o más niños
MATERIAL:	ninguno
TIEMPO:	unos 10 minutos
LUGAR:	donde puedan practicar sin interrupciones

NOTA:

Puede ser útil que luego los niños conversen describiendo las sensaciones que han experimentado. El adulto dirigirá la atención de los pequeños de manera que vean cómo cada uno describe sensaciones diferentes y expone opiniones diferentes sobre la actividad que acaban de realizar.

Autorretrato

A los niños suele fascinarles la contemplación de su propia imagen a tamaño natural. Observan cómo algunos son más altos y otros más bajos, y además les hace gracia verse a escala real.

Uno de los pequeños se tenderá sobre un papel grande y un compañero contorneará la silueta con el lápiz. A continuación pintarán la figura vistiéndola con la indumentaria preferida del protagonista. O pueden dibujar sobre las distintas partes del cuerpo los símbolos de lo que han aprendido a hacer. Por ejemplo la cabeza puede ver y oír, hablar, cantar y pensar. Las manos saben atar los cordones de los zapatos y quizá también escribir. Las piernas pueden nadar, jugar al fútbol y pedalear en la bicicleta. Más tarde, a medida que vayan aprendiendo cosas nuevas, añadirán más símbolos a la imagen. Si se quiere, puede recortarse el papel sobrante y se buscará un lugar adecuado para colgar el autorretrato.

EDAD:	3 años o más
PARTICIPANTES:	uno o más niños
MATERIAL:	rollo de papel fuerte de embalaje, colores a la cera, tijeras
TIEMPO:	unos 20 minutos
LUGAR:	en la habitación

¿Cuántas manos me tocan?

Éste es un juego que personalmente me divierte mucho, y que desarrolla la sensibilidad propioceptiva no sólo en los niños. Para los de menos de 5 años se recomienda esta variante:

Los niños se mueven por la habitación al compás de la música, hasta que la persona adulta pare la música y diga el nombre de uno de los pequeños. Éste debe detenerse enseguida y cerrar los ojos. Los demás le rodean y apoyan simultáneamente las manos en la barriga, la espalda y las piernas del «gallina ciega», luego procuran quedarse quietos en la misma postura. Ahora el niño debe adivinar cuántas manos están tocándole. Cuando haya dicho un número, podrá abrir los ojos y comprobar cuántas son en realidad. Como es natural, los jugadores no deben tocar todos con ambas manos todas las veces, ya que entonces siempre saldría el mismo número.

Hecho esto la persona adulta pondrá de nuevo en marcha la música para que los niños se muevan por la habitación. Con esto se le concede tiempo al último protagonista para notar cómo se va disipando de su cuerpo el calor de las numerosas manos.

EDAD:	**2 años o más**
PARTICIPANTES:	**3 o más niños**
MATERIAL:	**ninguno**
TIEMPO:	**unos 3 minutos cada niño**
LUGAR:	**donde puedan practicar sin interrupciones**

VARIANTE

Si el niño tiene menos de 5 años el máximo de manos que lo toquen será de ocho. Entonces él a su vez tocará las manos para indicar que nota el contacto; el compañero tocado apartará la mano y así se verá finalmente si pasa por alto alguna.

¿Quién es el del ojo verde?

En el transcurso de una jornada recibimos por los ojos una enorme cantidad de información, sin darnos siquiera cuenta de ello. Muchos de los objetos con los que estamos familiarizadas por verlos o tocarlos a menudo, en realidad no sabríamos describirlos si alguien nos lo pidiera. Con este juego, niños y adultos aprenden a fijarse un poco mejor.

La persona adulta tiende la sábana fijándola al techo con unas chinchetas, o colgada con pinzas en una barra de cortina o una cuerda de tendedero. Uno de los niños se coloca detrás. Los demás deciden a quién le toca acercar el ojo a la sábana, para que el niño que está detrás adivine quién es. El resto del grupo atiende a que el compañero aplique el ojo sin dejar que se vea, digamos, la ceja o la nariz. El del otro lado dirá el nombre en voz alta, ¡y no es fácil acertar!

Para más dificultad todavía, acercar al agujero la nariz, o la oreja, en vez del ojo.

EDAD:	3 años o más
PARTICIPANTES:	5 o más niños
MATERIAL:	una sábana que sea opaca, con un agujero pequeño a la altura de los ojos de los niños
TIEMPO:	unos 5 minutos
LUGAR:	en la habitación o al aire libre

¿Max?
¿Roberto?
¿Cecilia?

Trasladar libros

La vivencia de la cooperación es importante para comprender que no todos, en un grupo, tienen la misma capacidad para todas las cosas, pero que las diferentes destrezas se complementan. Al mismo tiempo, esto significa que los niños asumen las responsabilidades propias al tiempo que aprenden a valorar si uno o varios compañeros precisan ayuda, y en qué medida. En el coloquio posterior, la persona adulta intentará explicar estos aspectos.

Un libro para cada dos niños. Uno de ellos debe llevarlo sobre la cabeza de un lado al otro de la habitación, sin que se le caiga. El otro le ayudará ya que sólo él puede tocar el libro con las manos. Si se les cae, retornarán al comienzo. Si vemos que son muy hábiles, podemos disponer algunos obstáculos: una pelota que no hay que pisar, un taburete sobre el que hay que trepar, etc. Terminada la ronda con éxito el juego comienza de nuevo con otra pareja. Cuando todos los niños hayan hecho el experimento de dos en dos, o incluso llevando el libro de uno en uno, se hará un comentario de la experiencia.

EDAD:	**2 años o más**
PARTICIPANTES:	**2 o más niños**
MATERIAL:	**cada 2 niños un libro**
TIEMPO:	**unos 5 minutos**
LUGAR:	**donde puedan practicar sin interrupciones**

- ¿Qué les ha parecido el tener que depender de que el compañero o la compañera acompañen sujetando el libro?
- Si el libro ha caído a pesar de ello, ¿cómo les ha afectado?
- ¿Se ha enfadado alguno de los jugadores? ¿Con quién?
- ¿Les gustaría repetir ahora mismo el juego con cualquier compañero del grupo?

Son ejemplos de las preguntas que podría formular la persona adulta para incitar a la discusión.

¡Esto no es normal!

En este mundo en que todas las cosas cambian continuamente, ¿qué será lo normal? Para los niños es importante poder formarse una imagen estable del entorno, y mantenerse al mismo tiempo abiertos a lo nuevo y diferente.

Se les anuncia a los niños que la actividad va a consistir en dibujar o construir dos objetos o dos personajes, el uno con todo normal, el otro «que no sea normal», por ejemplo un individuo con una mano blanca y la otra negra, o un coche con cinco ruedas, etc.

Finalmente los niños examinarán en grupo sus realizaciones y hablarán de lo que es normal y lo que no lo es. ¿En qué consiste ese concepto de «lo normal»? ¿Quién lo determina? Tal vez la persona adulta podría aportar unos ejemplos de lo que se considera normal en otras culturas y está mal visto en la nuestra, y viceversa.

EDAD:	4 años o más
PARTICIPANTES:	2 o más niños
MATERIAL:	papel y lápices de colores, en su caso un pegamento y demás materiales para modelar
TIEMPO:	unos 15 minutos
LUGAR:	en la habitación

Mira a ver qué ha sido eso

En este juego se trata de desarrollar la atención a las propias sensaciones y percepciones, dándonos cuenta al mismo tiempo de que muchas veces los demás perciben o interpretan las mismas cosas de una manera completamente distinta.

Los niños, de pie, forman corro. La persona adulta hará un ruido con el cuerpo, por ejemplo dándose palmadas en la barriga. Los que quieran pueden tratar de imitarlo. A continuación propondrán otros ruidos, digamos palmadas rítmicas o cualquiera que se les ocurra.

Cuando todos hayan participado, en una segunda ronda los niños tratarán de describir lo que oyeron. ¿Se parecía más al ruido del tren, o al de un caballo al galope? Unas veces el corro se pondrá de acuerdo enseguida y en otros casos habrá diversidad de opiniones. En este segundo caso, evidentemente, repetiremos los ruidos para volver a escucharlos.

EDAD:	**2 años o más**
PARTICIPANTES:	**uno o más niños**
MATERIAL:	**ninguno**
TIEMPO:	**unos 15 minutos**
LUGAR:	**en la habitación**

Encuentro con el desconocido

Descubrir jugando el placer-temor-curiosidad

La confrontación con lo desconocido es un suceso corriente en la infancia. Hay muchas «primeras veces». Ir con la madre a la peluquería. Recibir en casa a una nueva canguro. Desplazarse con la familia al apartamento de vacaciones donde el niño va a encontrar una habitación, una cama y un entorno desacostumbrados. Ir al jardín de infancia, donde hasta el primer paso da miedo porque todo resulta extraño.

Para el pequeño, esos niños desconocidos, ese alboroto, ese recinto en donde todo es nuevo para él y le desorienta, constituyen una experiencia angustiosa de veras. Pero también es menester que se abra el grupo de acogida. Todos necesitan reorientarse y asegurarse antes de conceder un «lugar» al recién llegado, redefinir los roles de todos y admitirlo como amigo. Lo mismo sucede el primer día de clase en la escuela.

Incluir a los niños en la preparación de las situaciones nuevas y desconocidas puede ser una manera de provocar la curiosidad. Las personas adultas comentarán con ellos cómo se ha vivido la situación extraña por parte de los niños. ¿Qué les daba miedo? ¿Cómo se ayudaron a asumirla? Al recordar las propias vivencias aprenden a conocerse y cómo desarrollar estrategias preliminares.

Proyección exterior

Cuando los niños han de conocer nuevas gentes, por ejemplo porque el hermano mayor ha invitado a un estudiante del intercambio, los pequeños podrán ayudarse a asimilar esta «ampliación de la familia» enviándole una invitación en la que expresarán sus deseos para la futura temporada en común.

EDAD:	2 años o más
PARTICIPANTES:	uno o más niños
MATERIAL:	postal doble, cúter, foto de la familia, lápices, pegamento
TIEMPO:	unos 15 minutos
LUGAR:	cualquiera

Se toma una postal desplegable y se recorta en la hoja de cubierta, con un cúter, una ventana de cuatro paneles. Detrás de ella los niños pegarán una fotografía familiar que los muestre a todos, por ejemplo, ocupados en un juego. En la página interior escribirán la invitación, que puede ir firmada por todos los miembros de la familia, ocupando incluso la tapa posterior si hace falta. De esta manera, el invitado podrá tomarse todo el tiempo que quiera para familiarizarse antes de su llegada real.

Cada uno de los hermanos pequeños puede dibujar una pequeña escena de la actividad común que le gustaría desarrollar con el invitado. O tal vez quieran preguntarle alguna cosa por carta, en cuya realización ayudará una persona adulta. Por ejemplo Jaime preguntó en una ocasión «por qué los italianos hablan tan eléctricamente». Buena pregunta para comentar en qué se diferencian de nosotros las personas de otros países, y en qué se parecen.

Esperamos tu visita, ¡hasta pronto!

NOTA

Esta pequeña manualidad puede variarse, naturalmente, para adaptarla a toda clase de ocasiones, por ejemplo la llegada de un niño nuevo al jardín de infancia, grupo de juegos, club deportivo, etc.

Ficha de filiación

Cuando se presenta un niño nuevo en el jardín de infancia o guardería comienza una época intensa en emociones para el novel, y también para el grupo de los veteranos. Cuanto mejor se prepare la incorporación, más fácilmente se recompondrá el grupo. Pues toda llegada de un nuevo miembro a un grupo altera momentáneamente la estructura y la ordenación dinámica de éste.

Con la invitación a la primera visita confeccionada por los niños, la persona adulta enviará una ficha que debe ser cumplimentada por los padres del nuevo y en colaboración con éste. Las preguntas serán redactadas por los niños del grupo, con la ayuda del adulto. Así todos sabrán lo que les interesa acerca del nuevo compañero. En particular me refiero a preguntas cómo:

- ¿Qué juegos te gustan más?
- ¿Tienes un cassette o un CD de música preferido? ¿Cuál?
- ¿Sabes nadar? ¿Ir en bicicleta?
- ¿Has pasado una noche en una tienda de campaña?, etc.

Cuando retorne el cuestionario a la guardería, el adulto leerá las respuestas y se procederá a elegir tres niños como tutores. La misión de éstos consistirá en ocuparse del novato durante la fase inicial. Ellos también contestarán a las preguntas del cuestionario, lo que les servirá para presentarse al recién llegado. Es una manera de establecer un primer contacto antes de la llegada real.

EDAD:	3 años o más
PARTICIPANTES:	3 o más niños
MATERIAL:	papel, pegamento, lápices
TIEMPO:	unos 10 minutos
LUGAR:	donde puedan practicar sin interrupciones

El domingo pasado

No sólo hay que mantener los ojos abiertos, sino también las orejas, la nariz y los sentidos de la piel. Esas facultades se entrenan con el juego siguiente. Cada persona tiene mejor desarrollado uno de sus sentidos. Interesa determinar ese punto fuerte personal y además siempre es emocionante conocerlo.

EDAD:	**3 años o más**
PARTICIPANTES:	**uno o más niños**
MATERIAL:	**ninguno**
TIEMPO:	**unos 5 minutos, la mañana del lunes**
LUGAR:	**en la habitación**

Acompañados de una persona adulta, los niños se sientan a hablar y el primero describe cómo pasó el domingo anterior. Los demás escuchan y cada vez que el orador menciona una percepción sensorial, el vecino de su derecha le da una palmada en el hombro. ¿Tal vez ha preferido describir la impresión que le causan los colores, o son los olores lo que predomina en sus recuerdos? También pueden ser impresiones corporales como el calor, o el viento que refresca.

Si se observa predominio excesivo de un solo sentido, ello indica que va siendo hora de entrenar los demás y enriquecer así las sensaciones.

Me gusto, no me gusto

Es en la edad del jardín de infancia cuando los niños empiezan a compararse con los demás. Lo que conlleva a menudo la impresión de que aquél es más guapo que yo, o aquella otra sabe hacer una cosa mejor que yo. Conviene que aprendan que les ocurre lo mismo a otros, para que sigan siendo fieles a sí mismos sin merma de la autoestima. El que se estima a sí mismo siempre encuentra algo agradable en los demás.

Sentados en corro, el primero menciona algo que sepa hacer bien o que le guste de sí mismo; puede ser incluso un vestido. La pelota pasa a otro niño. Éste la recoge y cuenta a los demás algo que no le gusta mucho de sí mismo, o que otro del grupo sepa hacer mejor. Aunque sólo se le ocurra una cosa que decir, es suficiente. A continuación dirá qué aspecto suyo le gusta y pasa la pelota.

Cuando todos hayan agotado su turno comprobaremos si aparecieron semejanzas en lo que les gusta y les disgusta de sí mismos. Es aconsejable que la persona adulta colabore en el juego, y así los niños verán que les pasa lo mismo a todas las personas y no sólo a los pequeños.

EDAD:	3 años o más
PARTICIPANTES:	2 o más niños
MATERIAL:	una pelota
TIEMPO:	unos 10 minutos
LUGAR:	donde puedan practicar sin interrupciones

Déjame entrar, «porfa»

Sentirse excluido es una experiencia frecuente en la vida cotidiana del niño, quien no tardará en notar que cae mejor a unos que a otros. Sin embargo, es un tema que rara vez se comenta y muchas veces ni siquiera advierte conscientemente. Sugerimos un juego que va a proporcionarles oportunidad de captar los dos aspectos de la situación. La persona adulta tendrá la precaución de controlar que no haya conflictos visibles en el grupo cuando quiera ofrecer a los niños esta propuesta.

Los niños forman corro hombro con hombro, tomándose de las manos, y mirando hacia dentro. Uno de ellos se colocará en medio y pretenderá salir del círculo. No debe utilizar las manos aunque sí puede empujar con el cuerpo tratando de abrirse paso. También está permitido hablar, por ejemplo para solicitar que le dejen salir. Cuando hayan agotado sus turnos todos los que deseen probar, se comentará qué sensaciones les ha producido el verse encerrados por el grupo.

A continuación los niños vuelven a formar corro, esta vez mirando hacia fuera. Uno de ellos intentará meterse dentro del corro, bajo las mismas reglas que la vez anterior. Se realizará también el comentario final. Lo más interesante, a mi entender, es la interpretación que los niños hacen de la diferencia. ¿Alguno se mostró más agresivo al tratar de salir, o se sintió desvalido cuando procuraba entrar? ¿O tal vez alguno dice todo lo contrario, o algo completamente diferente?

EDAD:	3 años o más
PARTICIPANTES:	5 o más niños
MATERIAL:	ninguno
TIEMPO:	unos 15 minutos
LUGAR:	donde puedan practicar sin interrupciones

Las personas son diferentes

Muchas veces olvidamos las grandes diferencias que existen entre los individuos. Por eso se recomienda aquí, y no sólo a los niños, que nos tomemos un rato para observar detenidamente a nuestros semejantes.

EDAD:	4 años o más
PARTICIPANTES:	2 o más niños
MATERIAL:	ninguno
TIEMPO:	unos 30 minutos
LUGAR:	centro urbano sin tráfico rodado

Los niños se sitúan repartidos en una zona delimitada; lo más indicado es una zona peatonal por donde circulen muchos transeúntes. Sentados al borde de las aceras, observarán a los individuos que pasan y comentarán lo que vean. En esta ocasión se permitirá lo que otras veces suele estar prohibido, como hacer comentarios sobre la gente e incluso apuntar a los demás con el dedo.

¿Se ha observado alguna cosa digna de atención, digamos un hombre viejo en moto, o una mujer con calcetines verdes y zapatos rojos? ¿Y aquella señora que está riñendo a su pequeño?, etc.

Transcurrido un tiempo determinado el grupo se reúne a cambiar impresiones. ¿Quién ha visto algo realmente curioso? ¿Cómo califican los niños sus observaciones, como «malas» (por ejemplo, la mujer que pegaba al niño en la calle) o simplemente «curiosas» (el anciano en moto)? Los niños del grupo pasan revista a sus normas internas y hacen comunicación mutua de ellas.

Integrar lo que nos es ajeno

Juegos y actividades para familiarizarse con lo nuevo

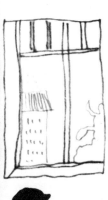

El paso más difícil del aprendizaje integrador, indudablemente, es el que nos lleva a cobrar confianza con lo nuevo. Requiere su tiempo y por ello es importante dejar que los niños se lo tomen. La persona habituada a tratar con ellos observará reacciones muy diferentes. Algunos niños se acercan enseguida a otro, le hablan y le ayudan, por ejemplo, ofreciéndole un vaso de zumo. Otros en cambio miran, callan y esperan a ver qué pasa. Algunos fingen no ver nada extraordinario en determinadas situaciones, por ejemplo, como si no se dieran cuenta de que hay un niño que va en silla de ruedas.

Son distintas maneras de abordar lo extraño y de ensayar la aproximación. La persona adulta debe juzgarlas como oportunidades para observar nuevas facetas de los pequeños, y no precipitarse a manifestar la condena moral, por ejemplo, cuando algunos no quieran darle los «buenos días» a Aixa. Si se cumplen estas condiciones, ambos, los niños y las personas adultas, podrán aprender algo. Pero si transcurrido algún tiempo una persona adulta considera extraña la indiferencia de alguno de los niños, no es mala idea buscar el diálogo y ponerse a reflexionar juntos acerca de cuáles pudieran ser las causas y cómo ayudar al niño para que encuentre la manera de entablar un trato amistoso.

Me llevan en volandas

Precisamente los grupos nuevos, o los grupos a los que acaban de sumarse niños nuevos, se hallan en el caso de tener que reconstruir la confianza mutua. Lo cual no se consigue en un abrir y cerrar de ojos, pero una oferta como la que propongo a continuación puede servir para adelantar las primeras experiencias grupales positivas.

EDAD:	4 años o más
PARTICIPANTES:	9 o más niños
MATERIAL:	una sábana o manta
TIEMPO:	unos 15 minutos
LUGAR:	en la habitación

Se despliega la sábana en el suelo y el que quiera se tiende sobre ella. Todos los demás sujetan la sábana. Se enrolla un poco el borde y a una seña de uno de los jugadores, todos se ponen en marcha. La primera vez se limitarán a arrastrar por la habitación a su compañero. Luego darán otra vuelta levantándolo un poco. Por último lo depositan otra vez, despacio, en el suelo. Lo repiten con el siguiente que quiera sentirse transportado.

Paseo en silla de ruedas

Nuestra perspectiva cambia cuando vemos lo que nos rodea bajo un ángulo diferente. Por ejemplo, cuando estamos sentados todo resulta más grande y más amenazador que cuando estamos de pie. Una observación importante para los niños que han de tratar con quien va en silla de ruedas.

Los niños forman grupos de tres y salen con la silla de ruedas. Si todos los pequeños tienen menos de seis años, los tutelará una persona adulta. Cada vez que le toque a uno de los grupos de tres se le confiará un encargo. Éste será realizado por el que va sentado en la silla; los demás empujan y observan las miradas de los transeúntes.

EDAD:	4 años o más; conviene que participe uno de 6 años o más
PARTICIPANTES:	3 o más niños
MATERIAL:	una silla de ruedas (que la persona adulta debe conseguir, prestada por un CAP, una tienda de artículos ortopédicos, una clínica, una residencia geriátrica, por ejemplo)
TIEMPO:	unos 15 minutos
LUGAR:	donde puedan practicar sin interrupciones

Posibles encargos:
- Comprar un cucurucho de helado en el quiosco.
- Pedir a una persona adulta que les ayude a subir unos peldaños.
- Tratar de entrar con la silla en un WC.
- Hacer cola en la panadería y comprar un panecillo, etc.

Visita a...

Cuanto más a menudo pasan los niños por la experiencia de sentirse desplazados en una institución o una cultura, más fácil les resulta mostrarse comprensivos cuando entra en el grupo de ellos un niño nuevo, en la medida en que tienen una imagen del mundo que asume las diferencias.

Se les explica a los niños que la semana siguiente van a poder ver todo lo que desde hace tiempo les interesaba. Según la estación del año puede intentarse una organización temática. En Pascua, por ejemplo: visitar una pastelería donde elaboren conejos de chocolate; visitar una granja avícola con gallinas; asistir a un oficio de la iglesia ortodoxa griega (los de Pascua son muy impresionantes). A lo mejor algún niño quiere ver una mezquita musulmana. Lo principal es que sean los mismos niños quienes elijan; la persona adulta sólo intervendrá cuando observe que no se les ocurre nada. También sería bonito ver qué se les va a regalar para la Pascua de este año a los niños discapacitados.

Ellos decidirán lo que quieren hacer, y algunos niños se ofrecerán a realizar las llamadas necesarias para averiguar posibilidades y horarios de visita. Las personas adultas ayudarán, pero sólo en caso necesario. Que el islamismo no celebra la Pascua, es algo que ellos descubrirán a su debido tiempo. Lo que tal vez podría suscitar la curiosidad: ¿qué fiestas celebran los musulmanes?...

Realizadas las visitas, los niños comentarán lo que les ha parecido. ¿Algo que les haya llamado la atención? ¿Alguna impresión destacable?

NOTA

Las personas adultas tratarán de conseguir que los niños hablen mucho. Que digan lo que les ha gustado, lo que les pareció absurdo o desagradable, o si vieron en la iglesia exótica alguna cosa que a ellos les gustaría tener. En este caso, la transmisión de conocimientos es un complemento, útil pero secundario. Se trata, sobre todo, de sumergirse en una cultura ajena y de manifestar los sentimientos y las interrogantes que ella inspira.

Como hemos reiterado varias veces, lo fundamental es que también la acompañante adulta mantenga una postura positiva. Lo que no significa que deba renunciar a sus propias opiniones («esto es lo que creo, esto es lo que pienso»), pero sin dejar de subrayar que los demás también tienen derecho a opinar de otra manera.

EDAD:	**3 años o más**
PARTICIPANTES:	**uno o más niños**
MATERIAL:	**ninguno**
TIEMPO:	**varias horas**
LUGAR:	**dondequiera que sean bienvenidos los niños**

Preguntas acerca de países lejanos

Para vivir novedades y acercarse a lo extraño no es indispensable echarse la mochila a la espalda. No faltan ocasiones para dar a conocer y familiarizar a los niños con lo ajeno.

Cuando el grupo recibe a un niño de un país extranjero o de raíces culturales diferentes, los niños se preparan tratando de averiguar cuanto sea posible acerca de ese país y de las personas que viven allí. De esto puede hacerse una verdadera competición, rivalizando a ver quién descubre más detalles. Una vez más, se intentará que la desarrollen y proyecten por su cuenta, interviniendo la persona adulta sólo cuando puedan correr algún peligro, o cuando ellos soliciten directamente su ayuda.

Al comienzo y al final de la actividad común los pequeños intercambiarán las experiencias recién adquiridas. De este modo, la relación con un compañero oriundo de otra cultura se convierte en algo interesante y valioso desde antes de comenzar, y se reducen al mínimo los temores y las prevenciones.

¡Hola! ¿Cómo celebráis vosotros la Pascua?

Hecho esto se pasará a organizar el encuentro común. Los niños y la persona adulta recordarán que conviene saludar a los recién llegados en su idioma de origen, y que los padres deben hallarse presentes. Si fuese necesario, los adultos se ocuparán de llamar a un intérprete. Si se ha programado una comida, averiguaremos de antemano lo que les gusta y pueden comer y lo que no. Y naturalmente, se elegirán juegos que no requieran demasiadas explicaciones verbales, para que los nuevos puedan participar desde el primer momento. Todos se darán cuenta de que, aparte de las cosas que los separan, también tienen muchas en común y pueden divertirse juntos.

EDAD:	**3 años o más**
PARTICIPANTES:	**uno o más niños**
MATERIAL:	**Internet, enciclopedias, manuales de geografía, etc.**
TIEMPO:	**repartido entre varias jornadas**
LUGAR:	**en todas partes**

Acerca de la autora

HEIKE BAUM

 Nacida en 1963, la autora es diplomada en pedagogía del juego y dinámica de grupos, así como supervisora colegiada. Como profesional autónoma de la enseñanza, desde hace más de diez años dirige seminarios sobre todos los aspectos de la práctica pedagógica y terapéutica, con especial atención a los temas de la emotividad, como son la pena, la cólera y el miedo. En conclusión de su larga experiencia con niños y adolescentes, atribuye gran importancia a los temas intrapsíquicos y emocionales de dichas edades, que suelen pasar desapercibidos por lo general.

Tiene publicadas numerosas obras de pedagogía general y lúdica, con frecuencia dedicadas a temas originales e innovadores. Es inventora de juegos de sobremesa.

Quedo reconocida a mi editora Heike Mayer por su profesionalidad irreprochable y las constructivas y fructíferas críticas con que ha contribuido en gran medida a la calidad de este libro.

EDUCACIÓN | Niños de 3 a 7 | EMOCIONAL

Pequeños manuales prácticos para la educación emocional
de los niños de 3 a 7 años. Su contenido, concreto, lúdico
y práctico al mismo tiempo, se propone reforzar
las competencias sociales y emocionales de los niños.
Ideales para padres y educadores que quieran acceder
de una manera sencilla y sin complicaciones a los temas
principales de la pedagogía.

Formato: 18,5 x 23,5 cm   *48 páginas*

Títulos publicados:

1. **¿Está la abuelita en el cielo? Cómo tratar
   la muerte y la tristeza** - *Heike Baum*

2. **¡Con ése no quiero jugar! Cómo tratar el rechazo
   y la discriminación** - *Heike Baum*

DE PRÓXIMA PUBLICACIÓN:

3. **¡No he dicho ninguna mentira! Cómo tratar
   la mentira y la verdad** - *Heike Baum*

4. **¡Estoy furioso! Cómo tratar la cólera
   y la agresividad** - *Heike Baum*

CRECER JUGANDO

Títulos publicados:

1. **Islas de relajación** – Andrea Erkert

2. **Niños que se quieren a sí mismos** – Andrea Erkert

3. **Jugando con almohadas** – Annette Breucker

4. **Juegos y ejercicios para estimular
la psicomotricidad** – Bettina Ried

5. **Las religiones explicadas a los niños** – Daniela Both
y Bela Bingel

6. **Aprender a estudiar** – Ursula Rücker-Vennemann

7. **El Islam explicado a los niños** – Sybille Günther